How To Draw A Mermaid Book

Draw Mermaids Step By Step

Mermaid Book

By : Gala Publication

Published By :

Gala Publication

© Copyright 2015 – Gala Publication

ISBN-13: **978-1522897972**
ISBN-10: **1522897976ss**

Table of Contents

BABY
MERMAID

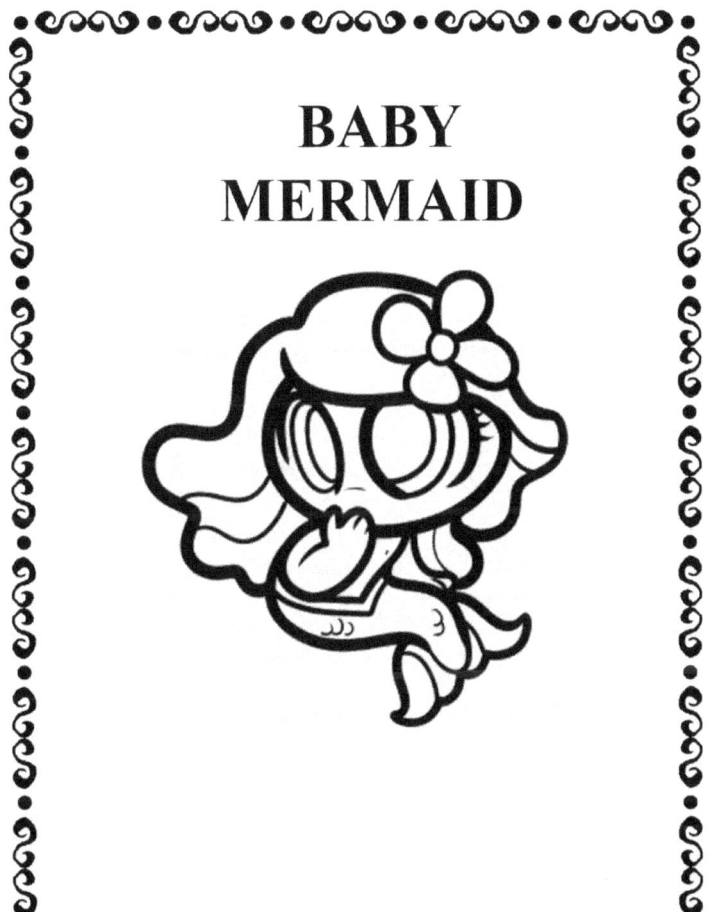

STEP 1

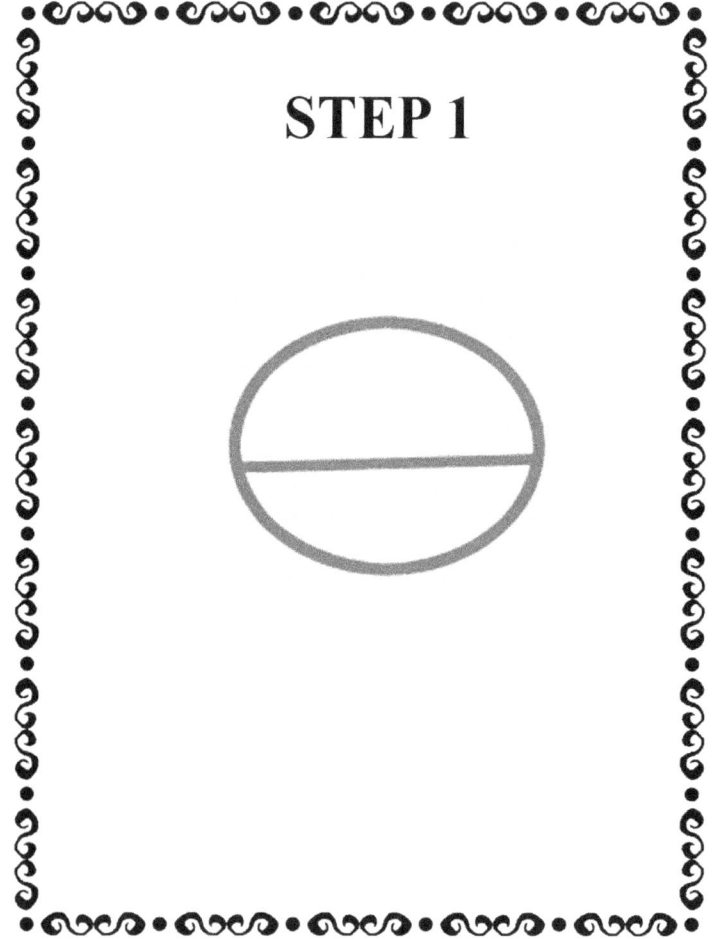

STEP 2

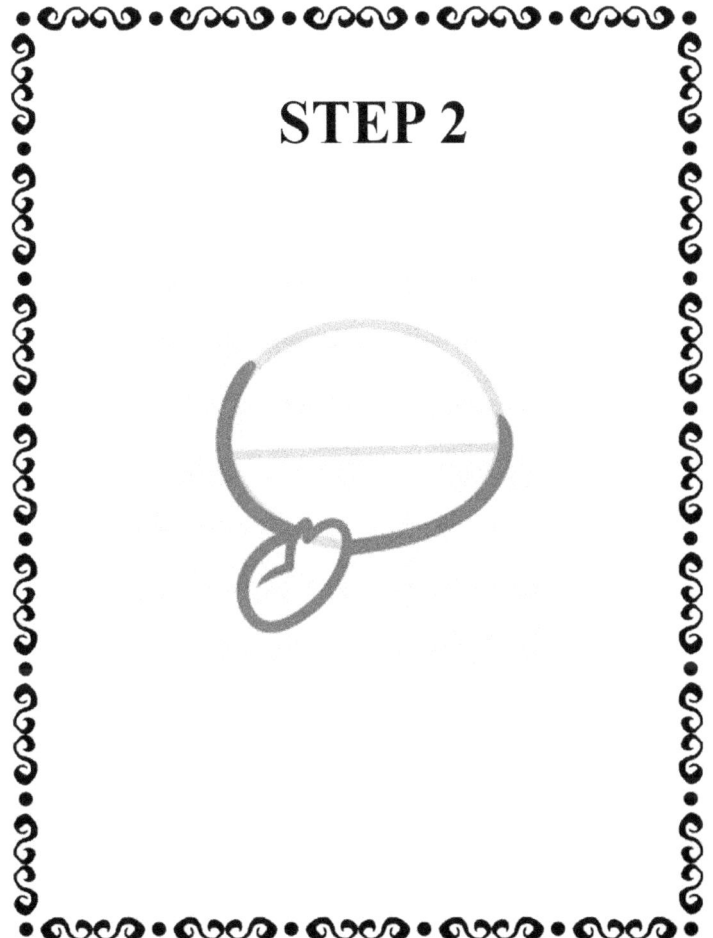

STEP 3

STEP 4

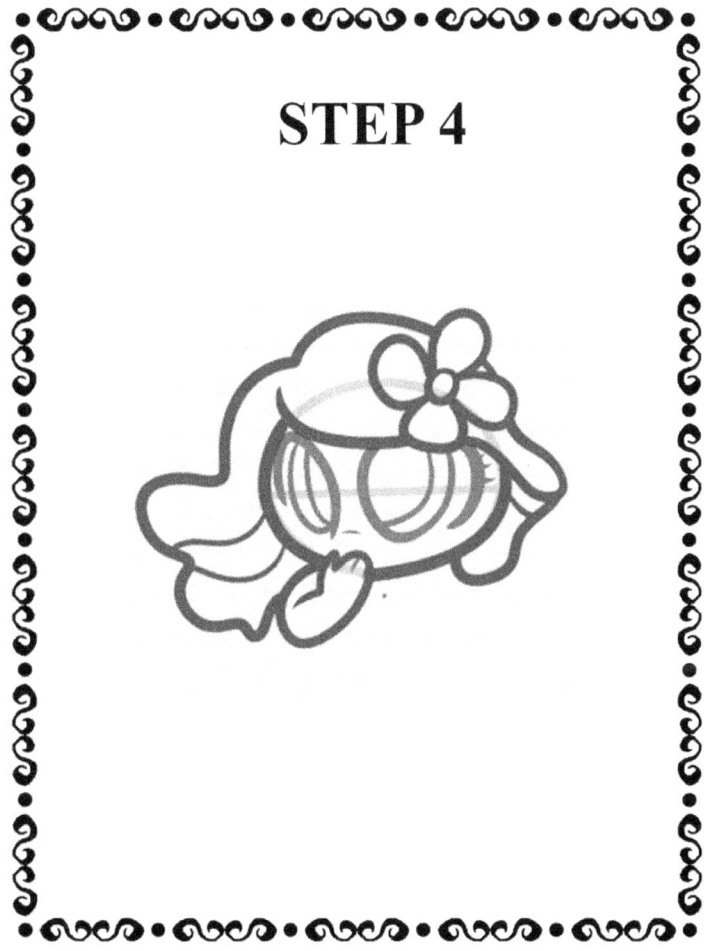

STEP 5

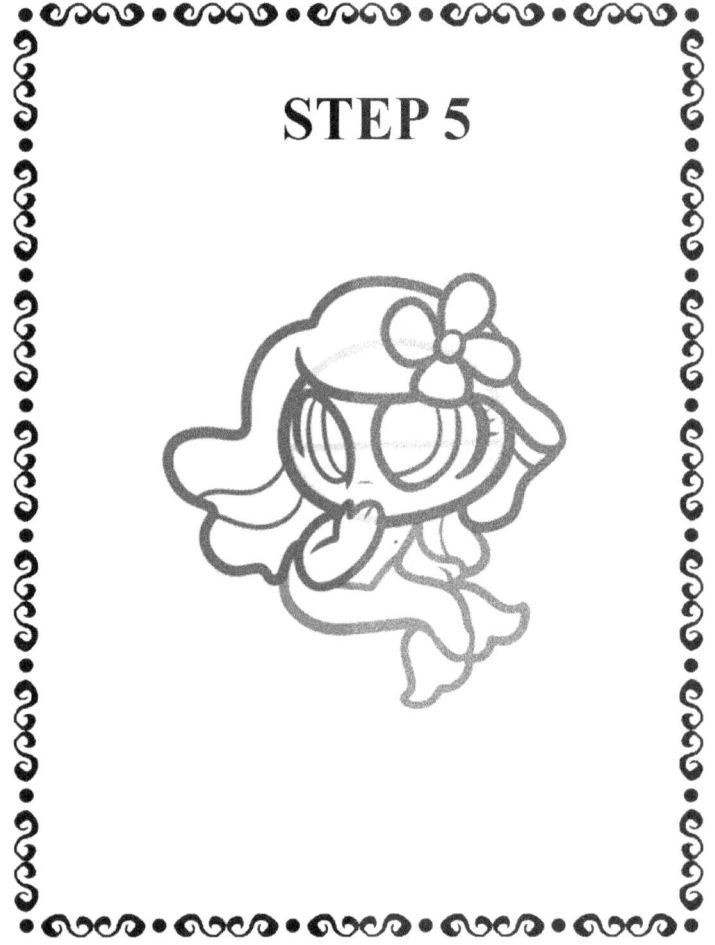

STEP 6

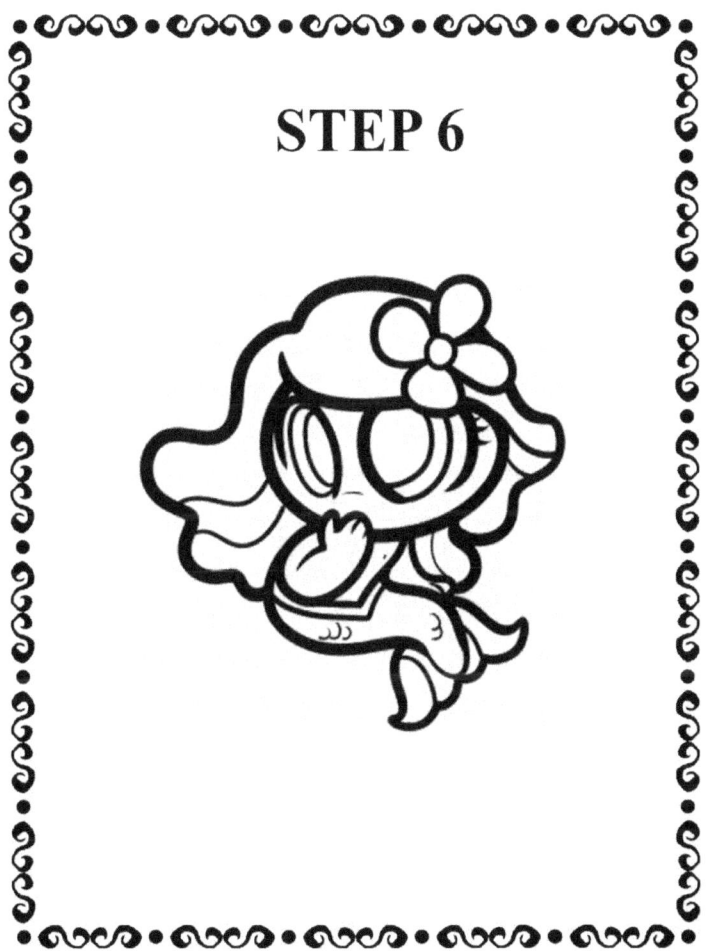

CARTOON MERMAID

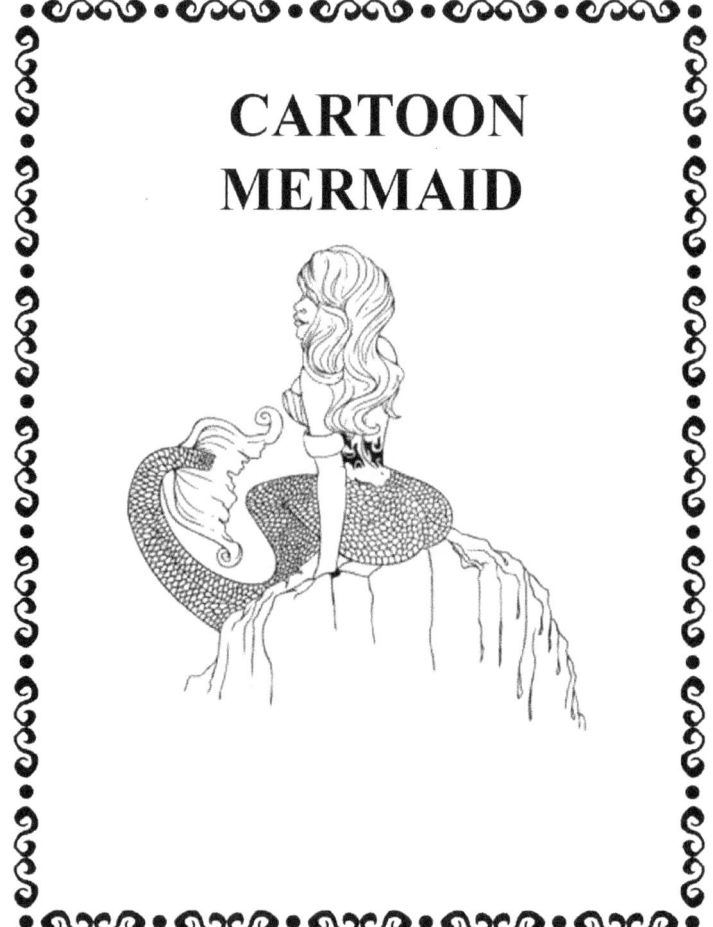

STEP 1

STEP 2

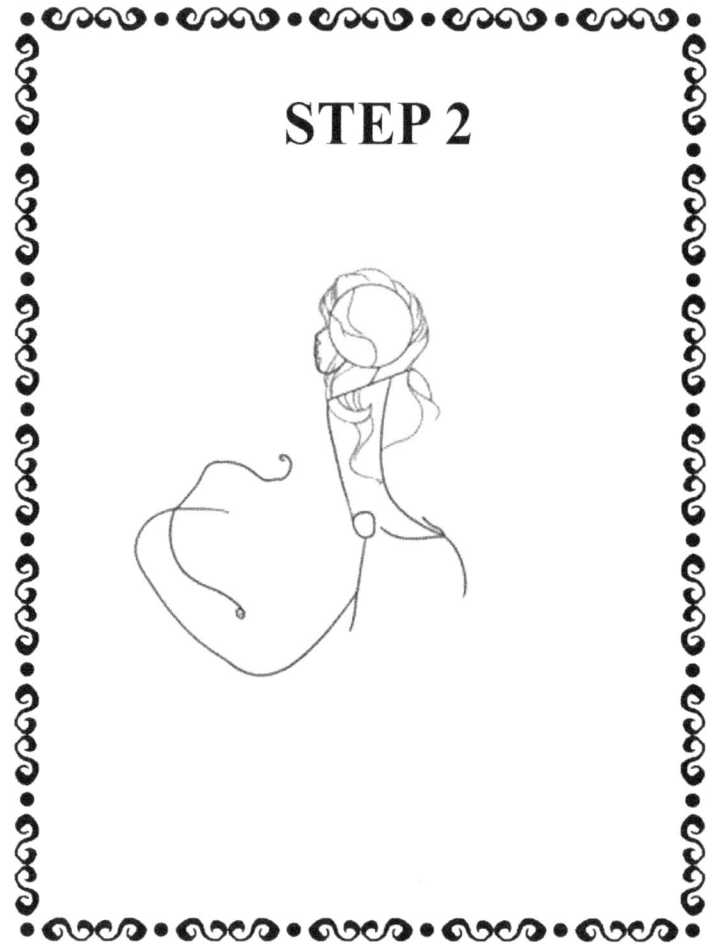

STEP 3

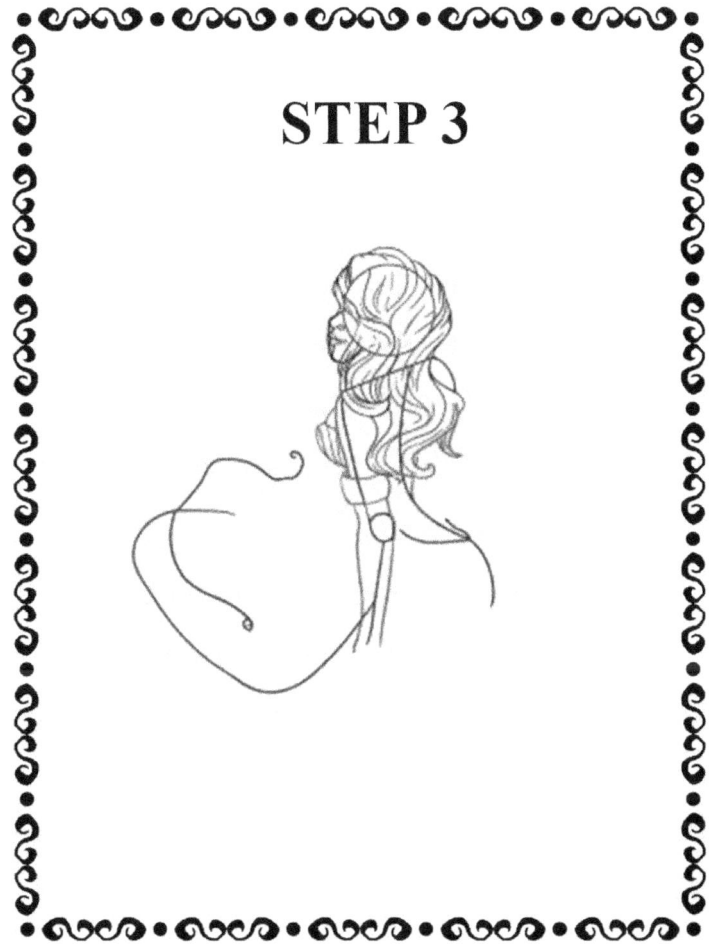

STEP 4

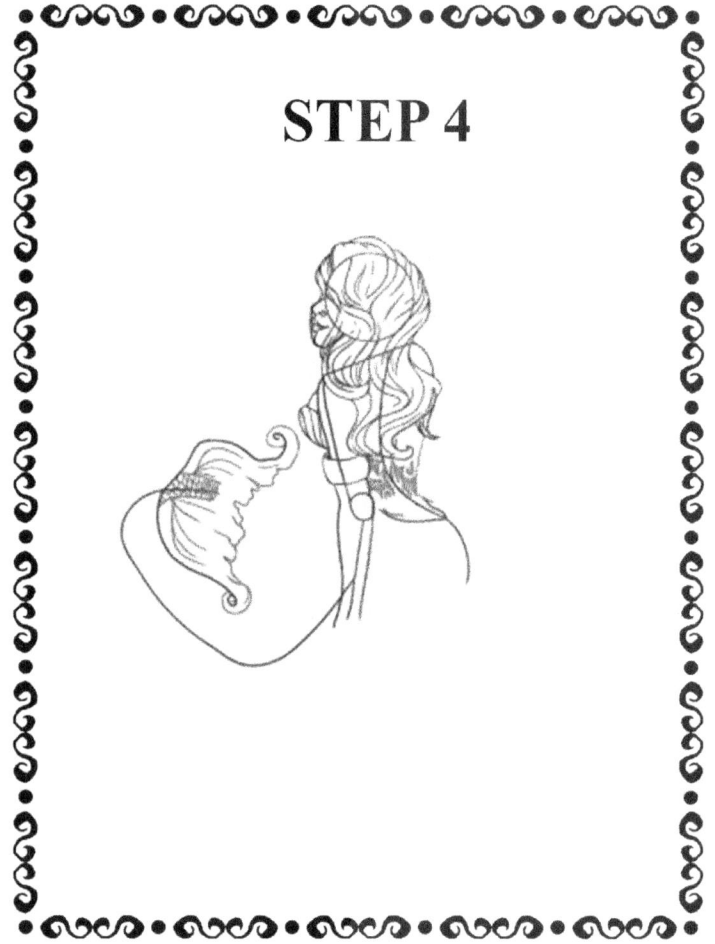

STEP 5

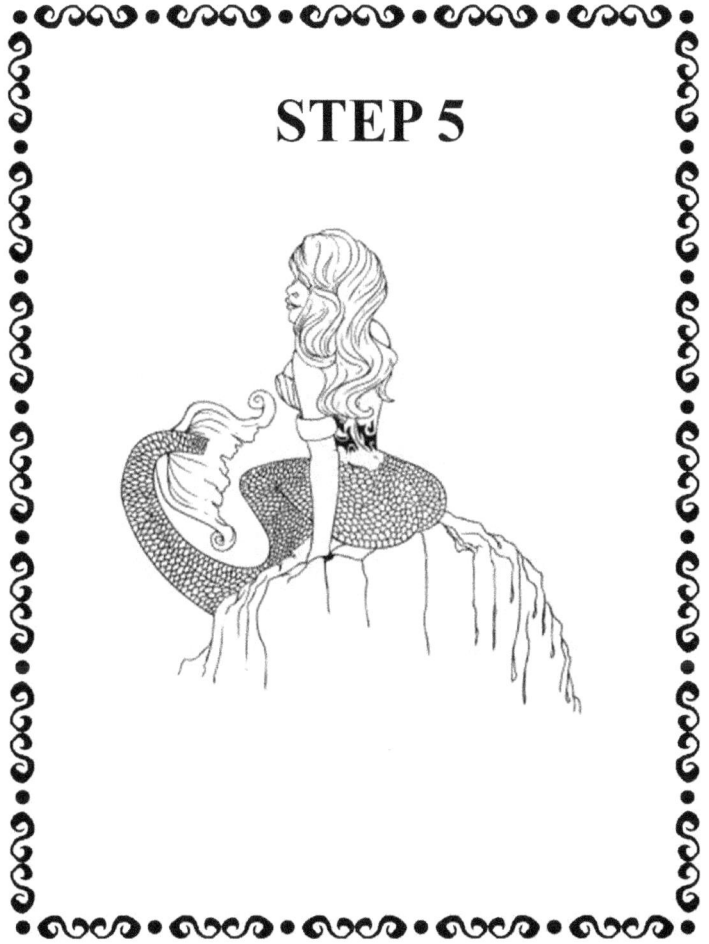

CUTE
MERMAID

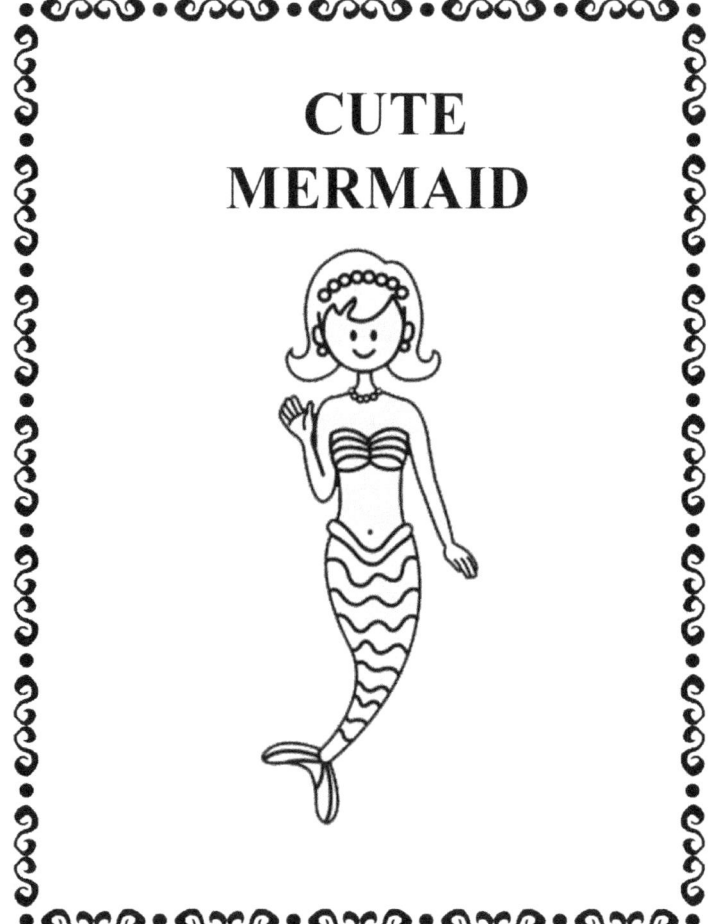

STEP 1

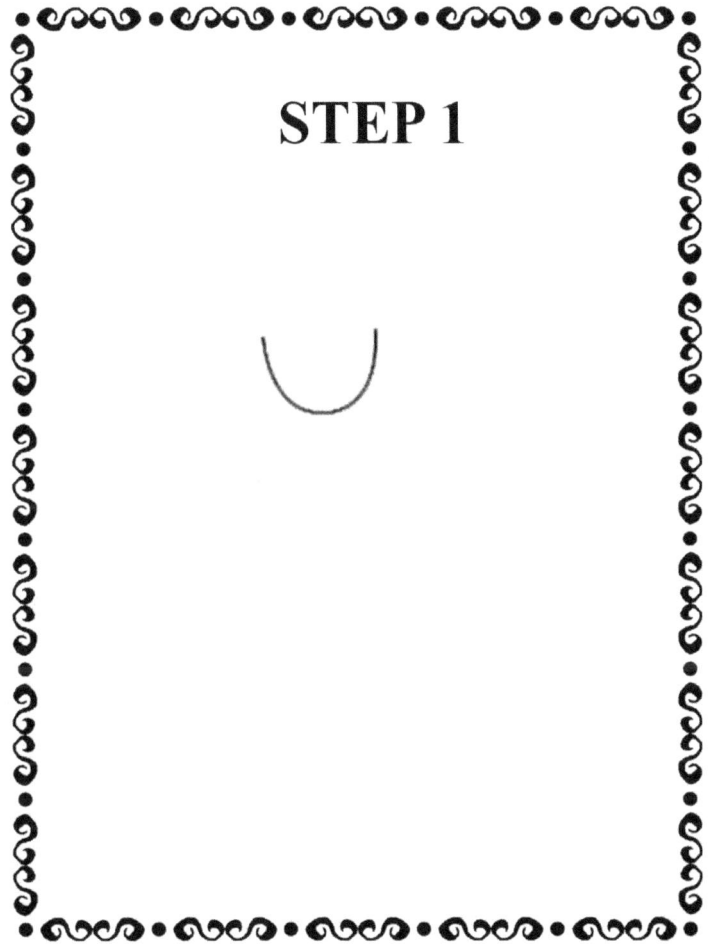

STEP 2

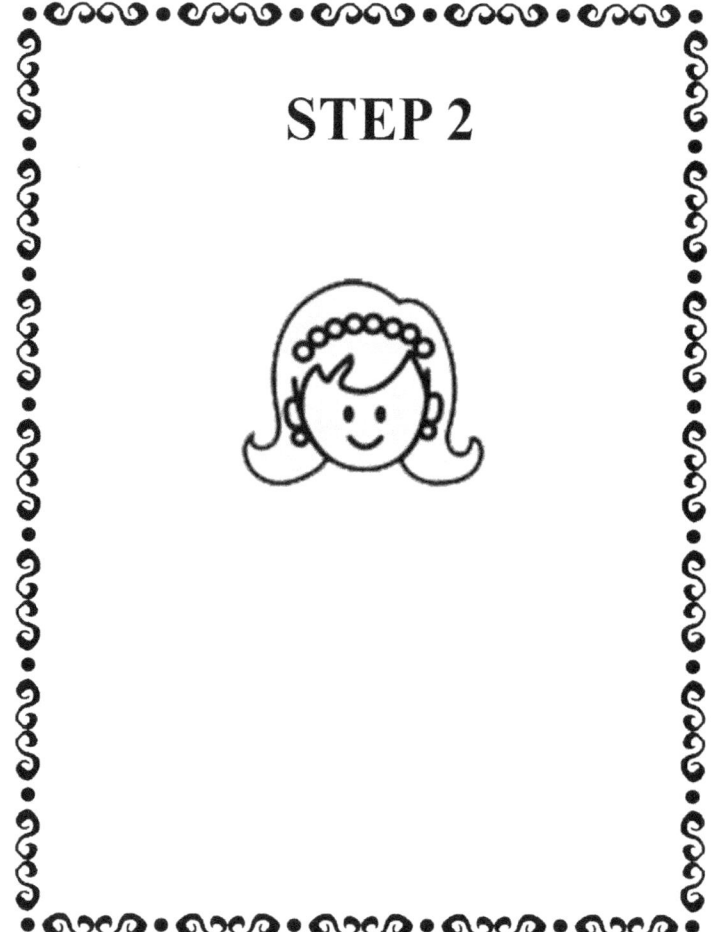

STEP 3

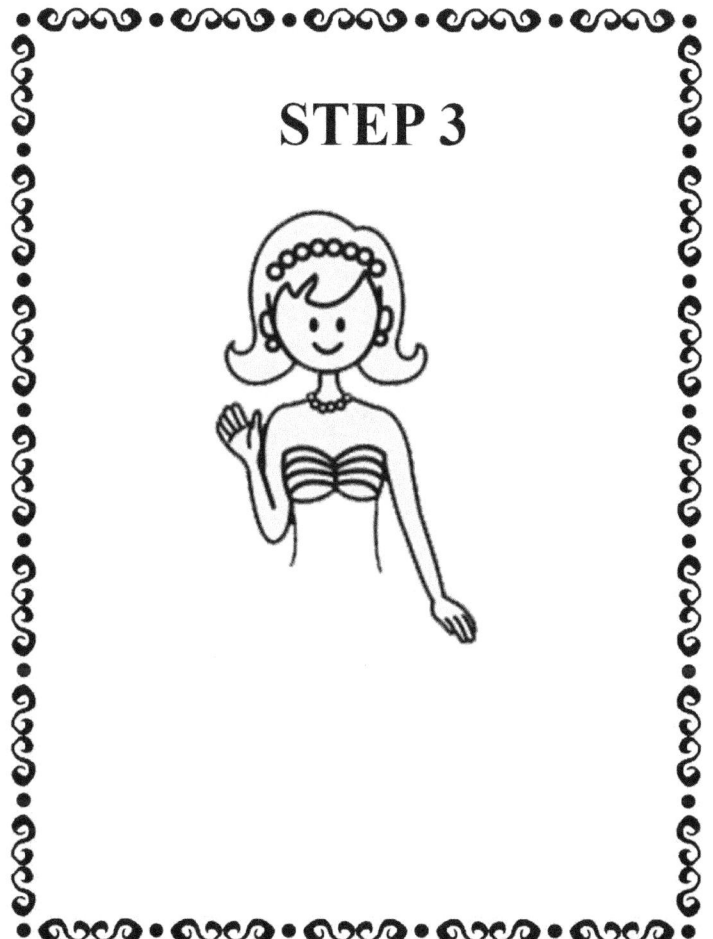

STEP 4

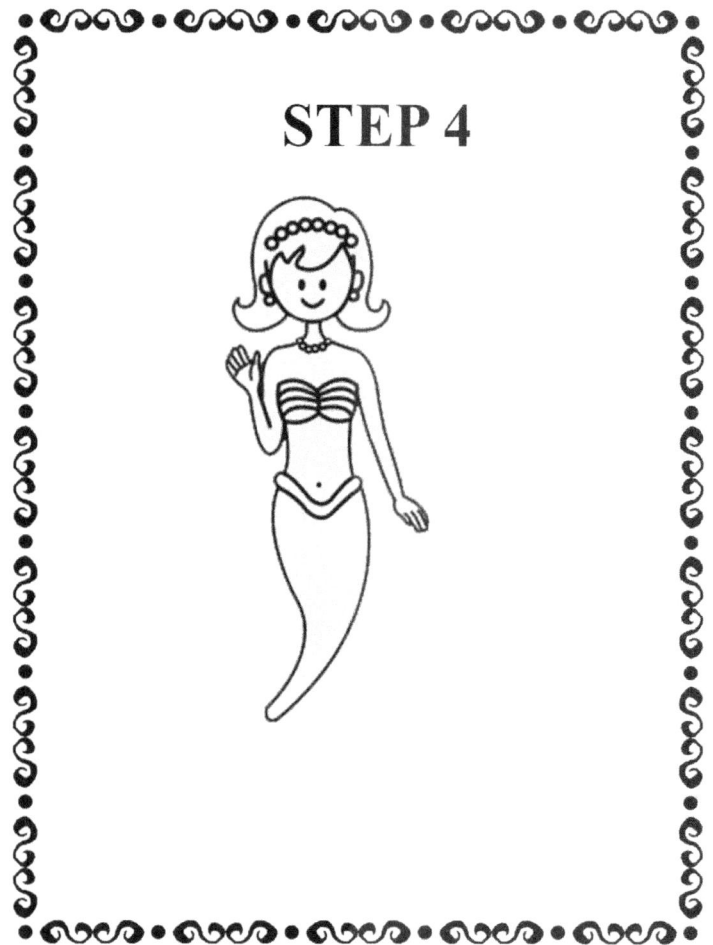

STEP 5

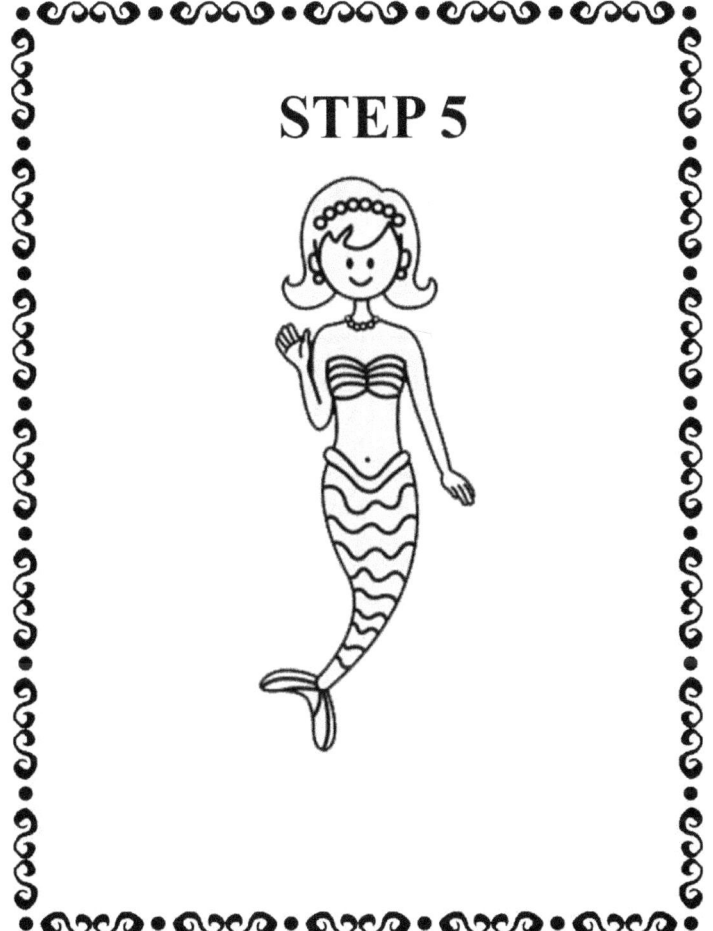

FANTASY MERMAID

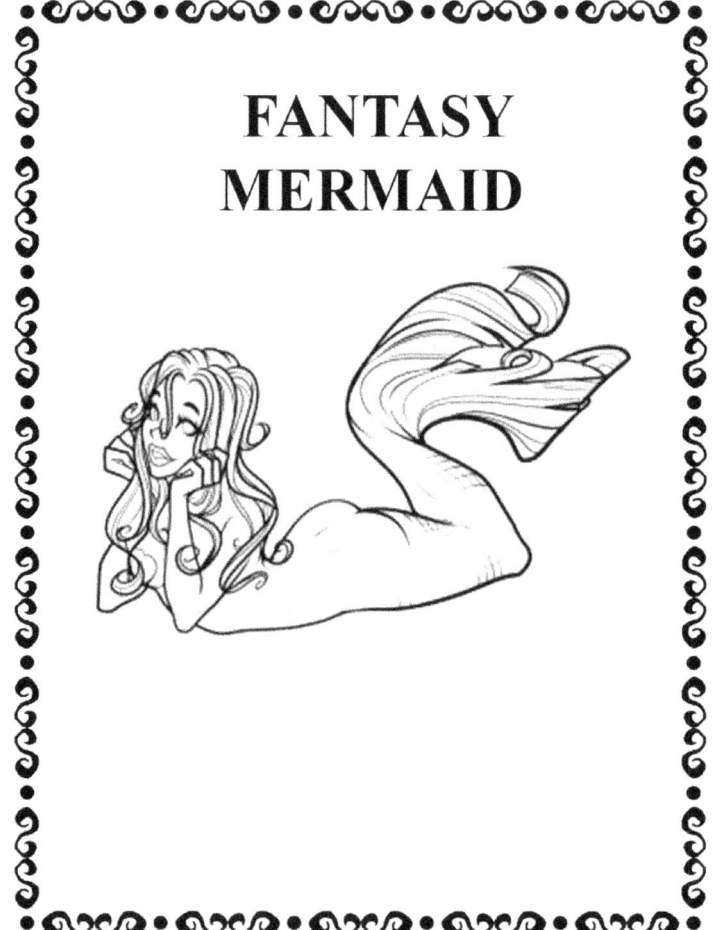

STEP 1

STEP 2

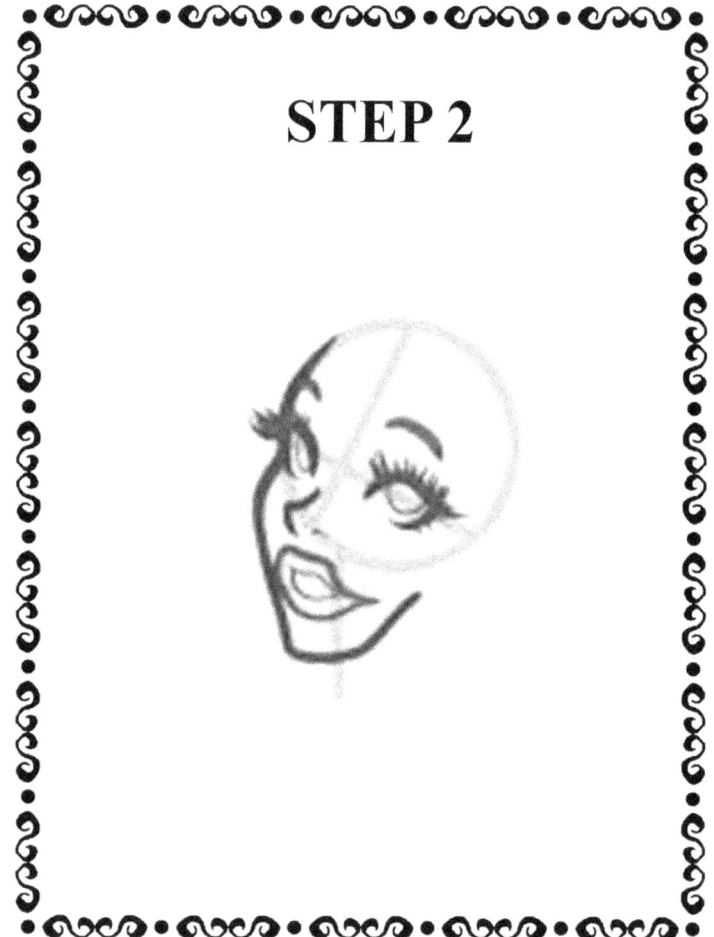

STEP 3

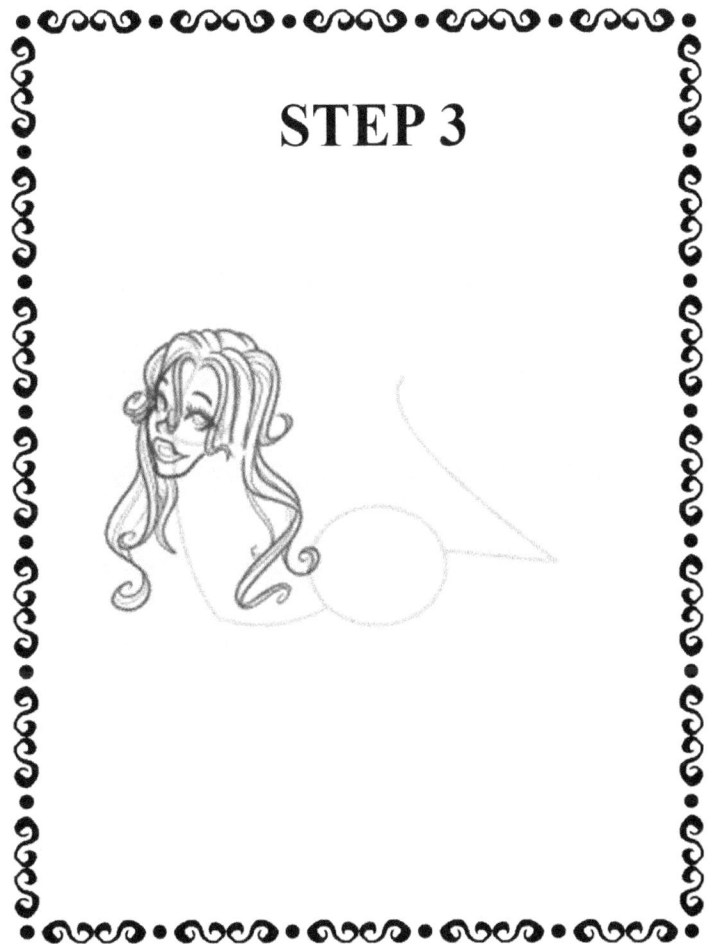

STEP 4

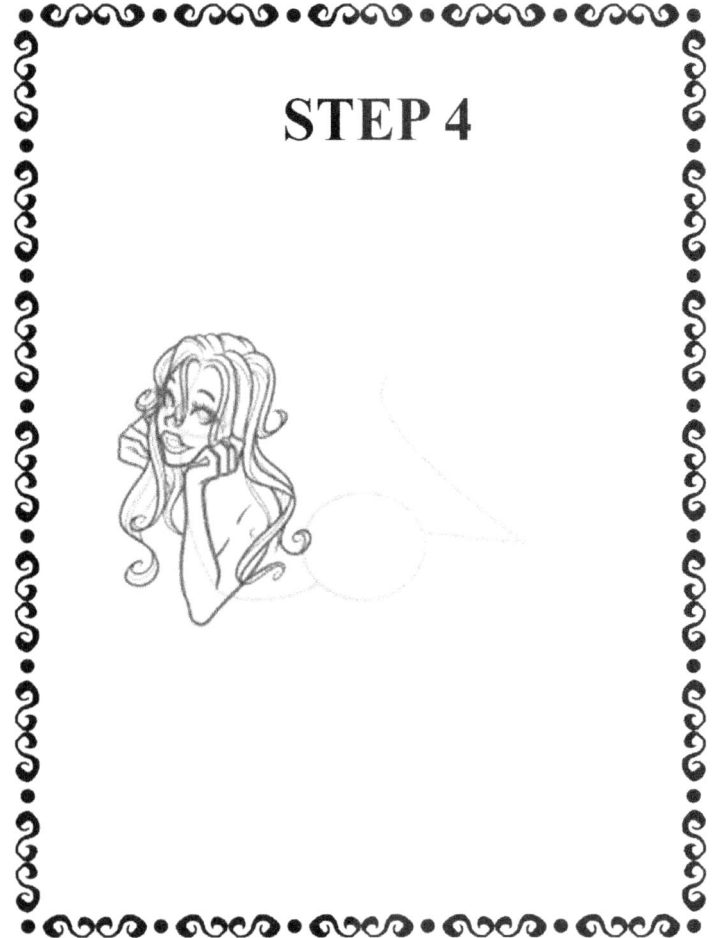

STEP 5

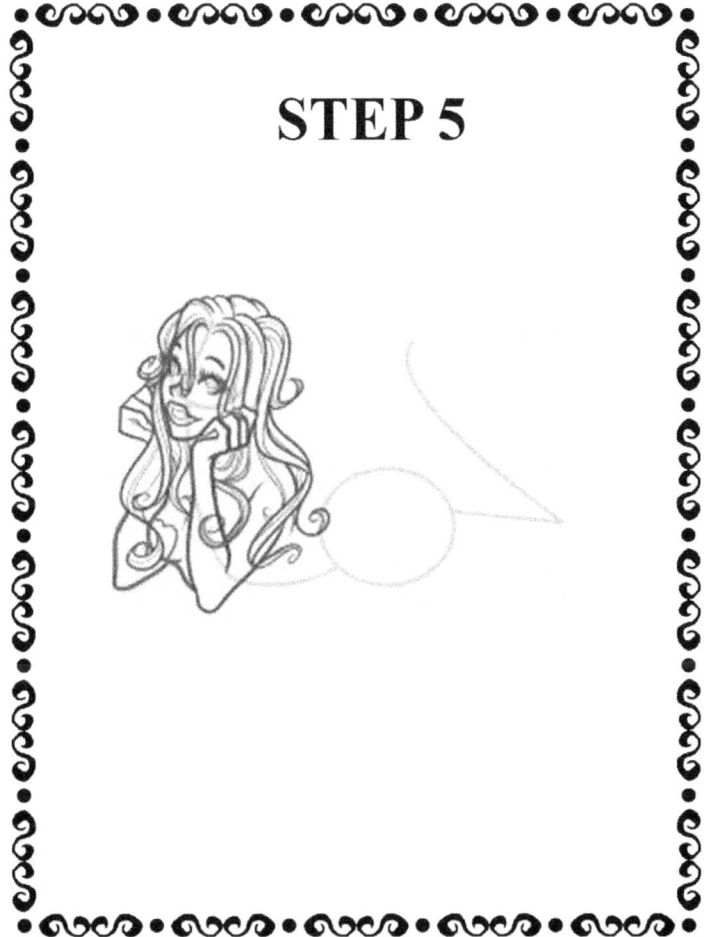

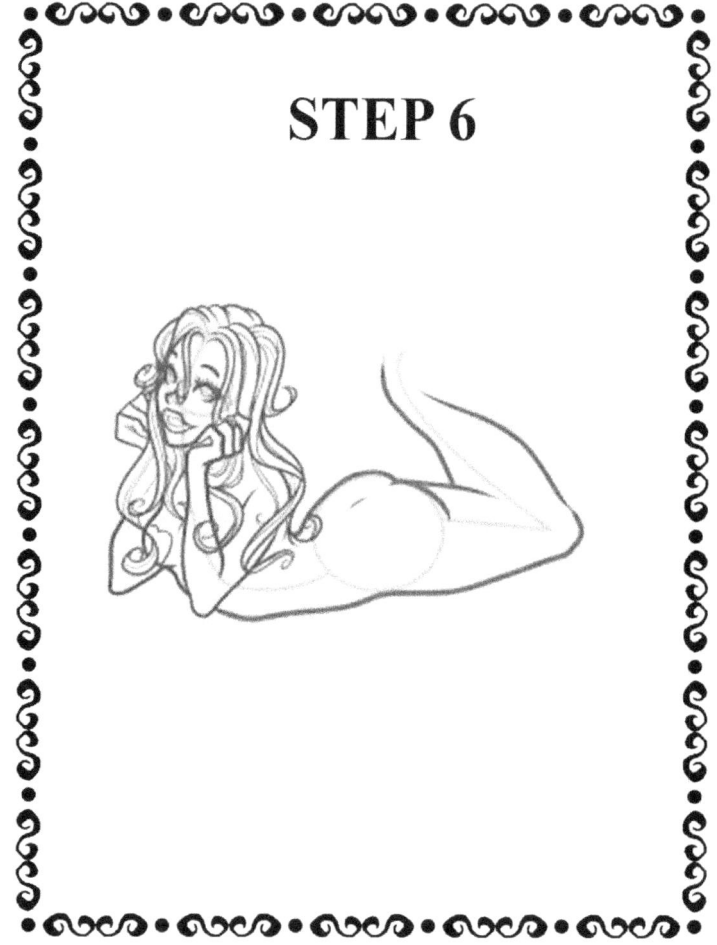

STEP 6

STEP 7

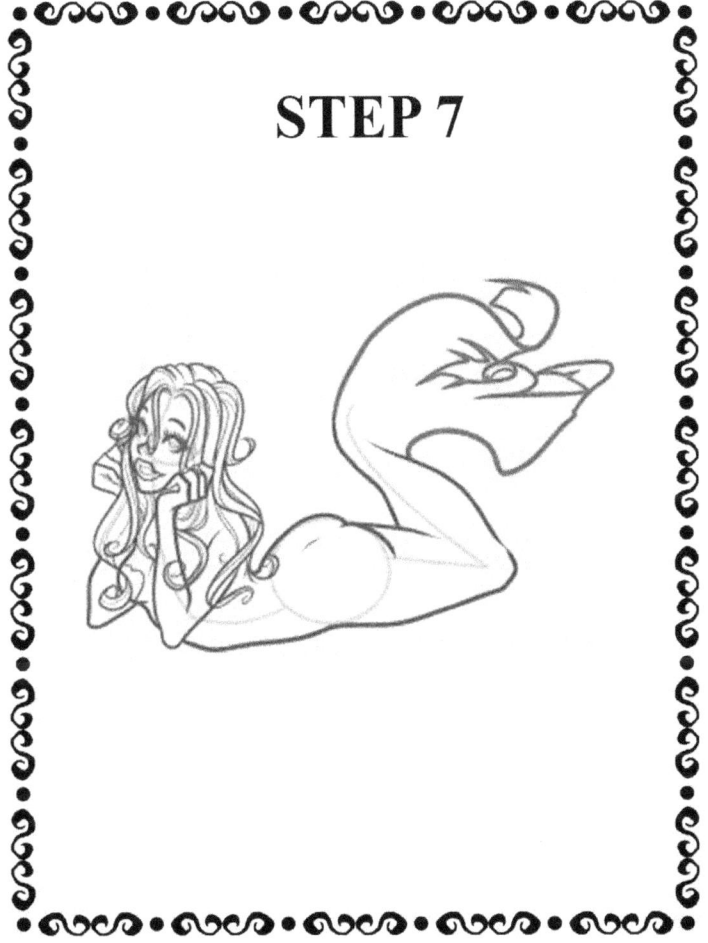

STEP 8

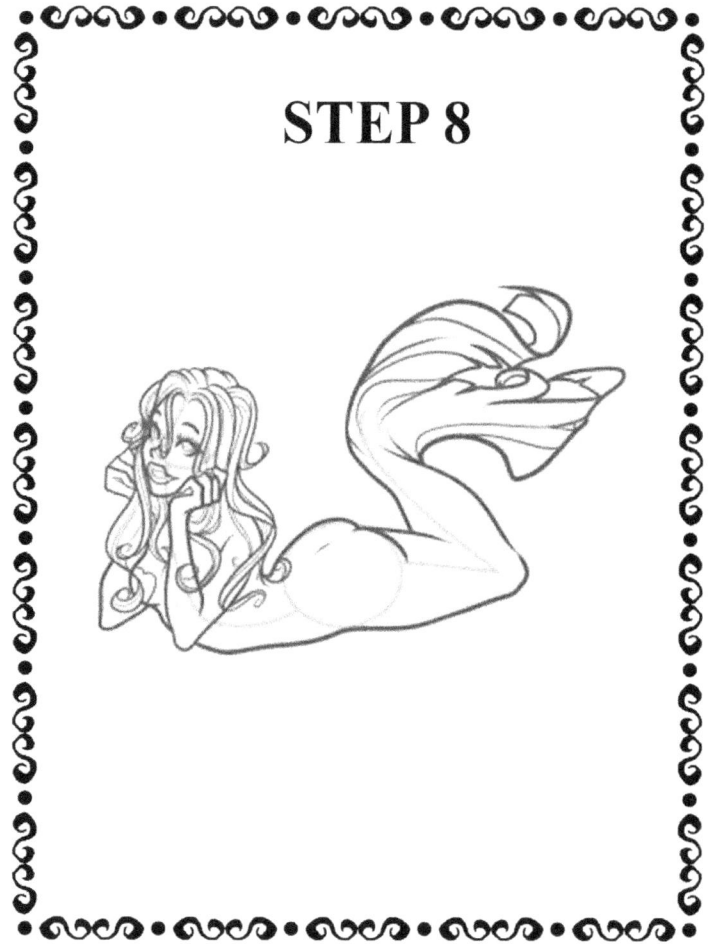

STEP 9

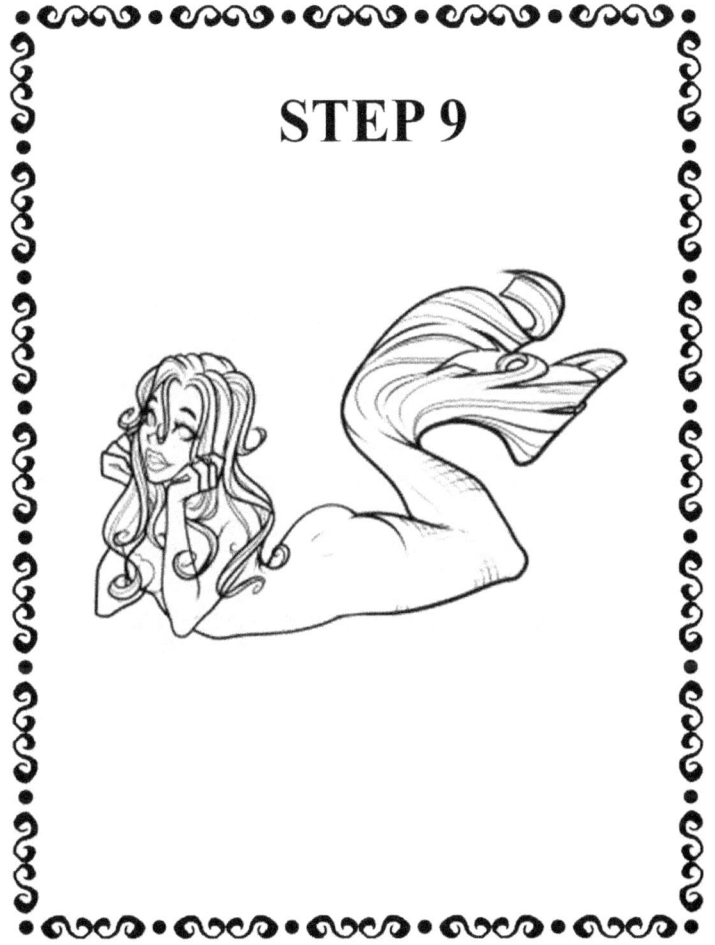

MERMAID GIRL

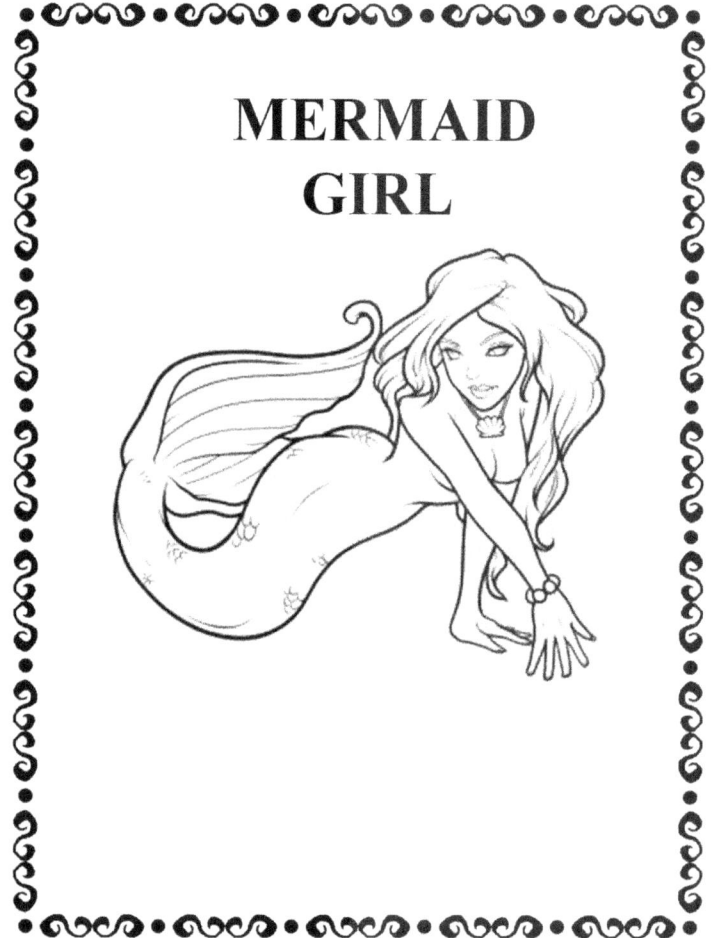

35

STEP 1

STEP 2

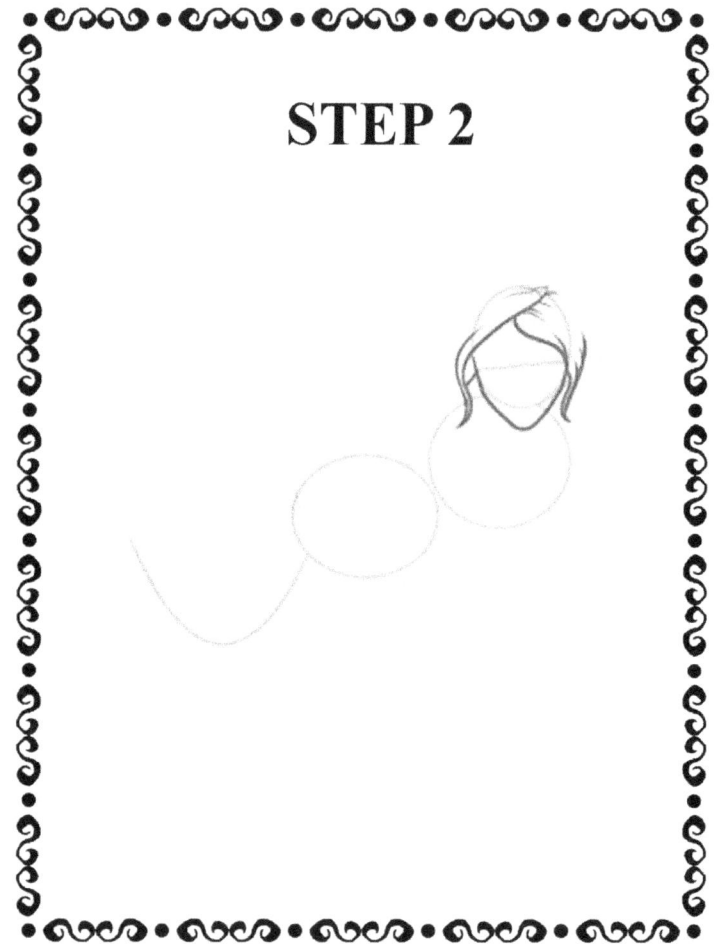

STEP 3

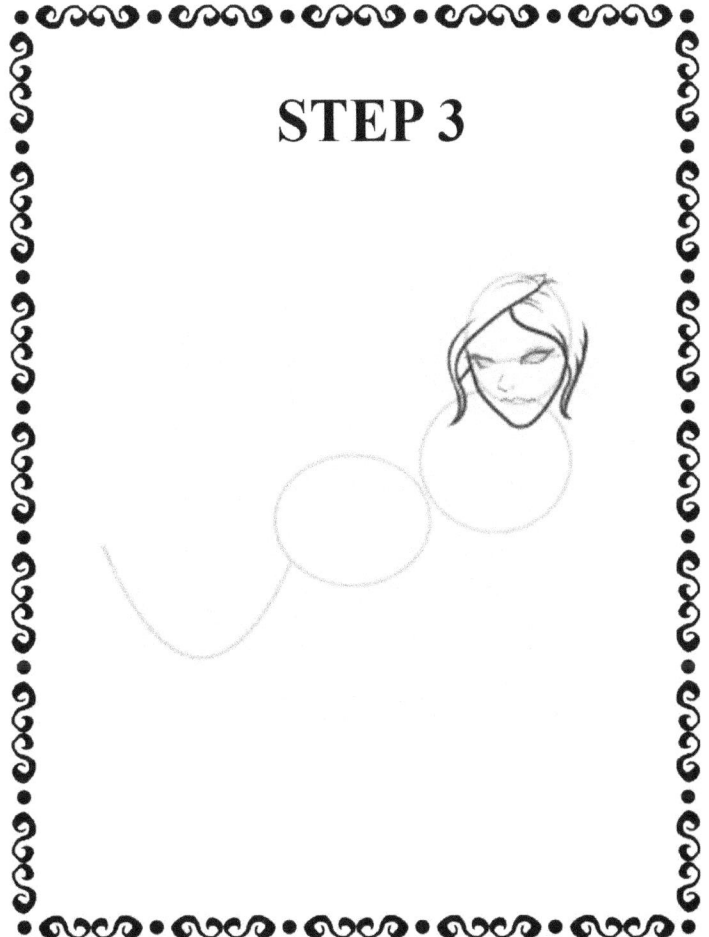

STEP 4

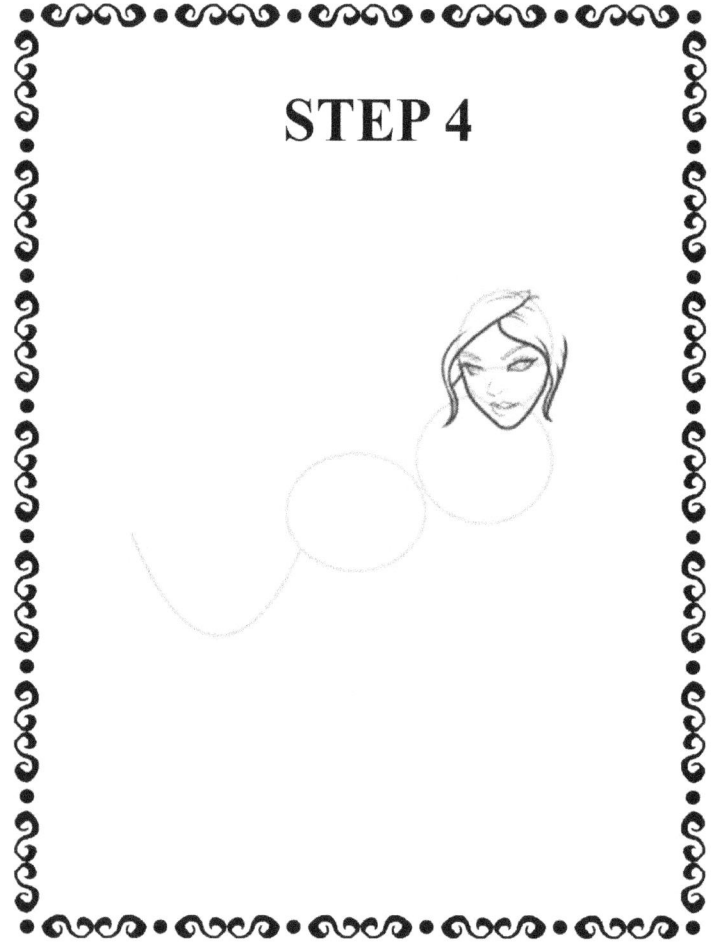

STEP 5

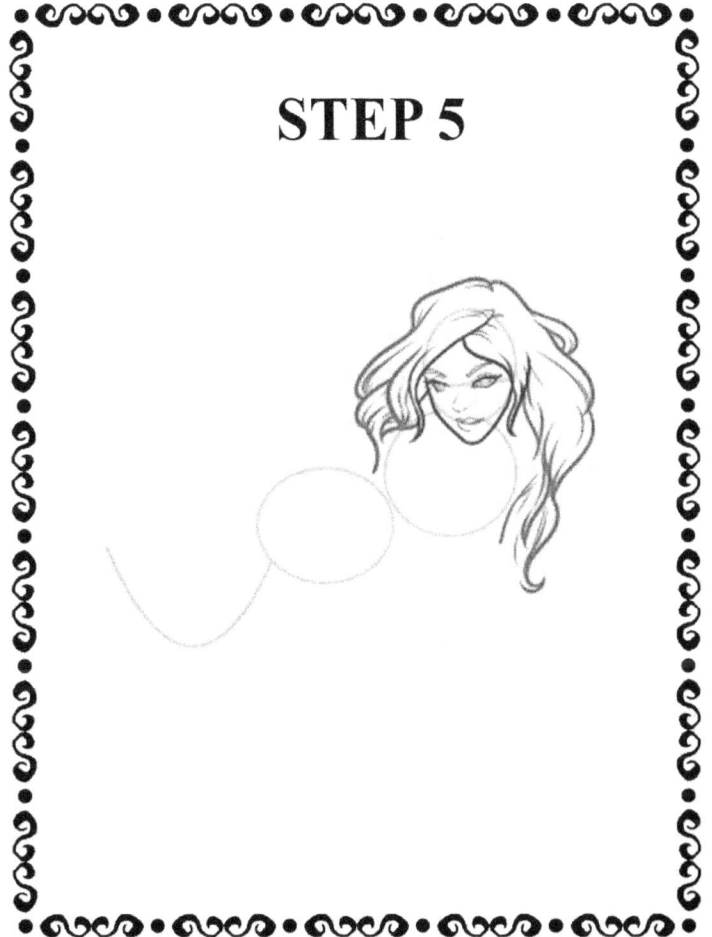

STEP 6

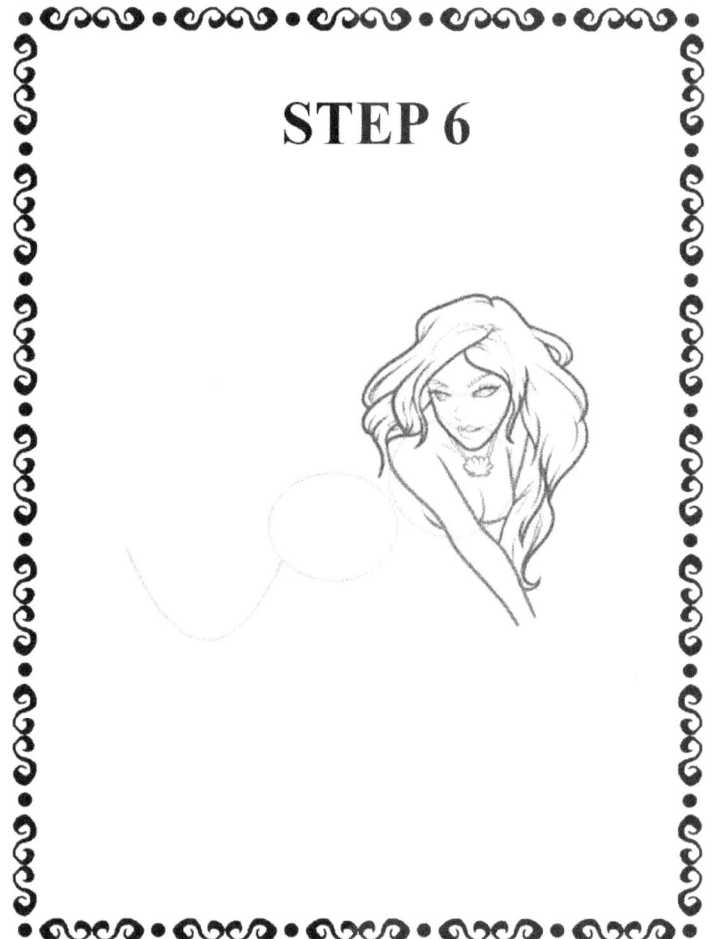

STEP 7

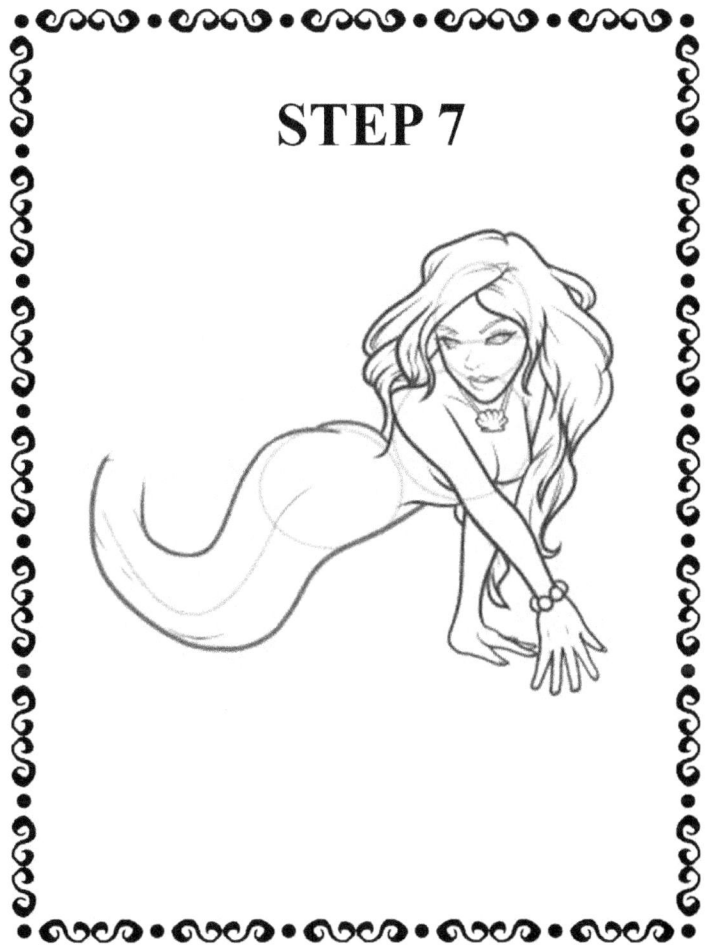

STEP 8

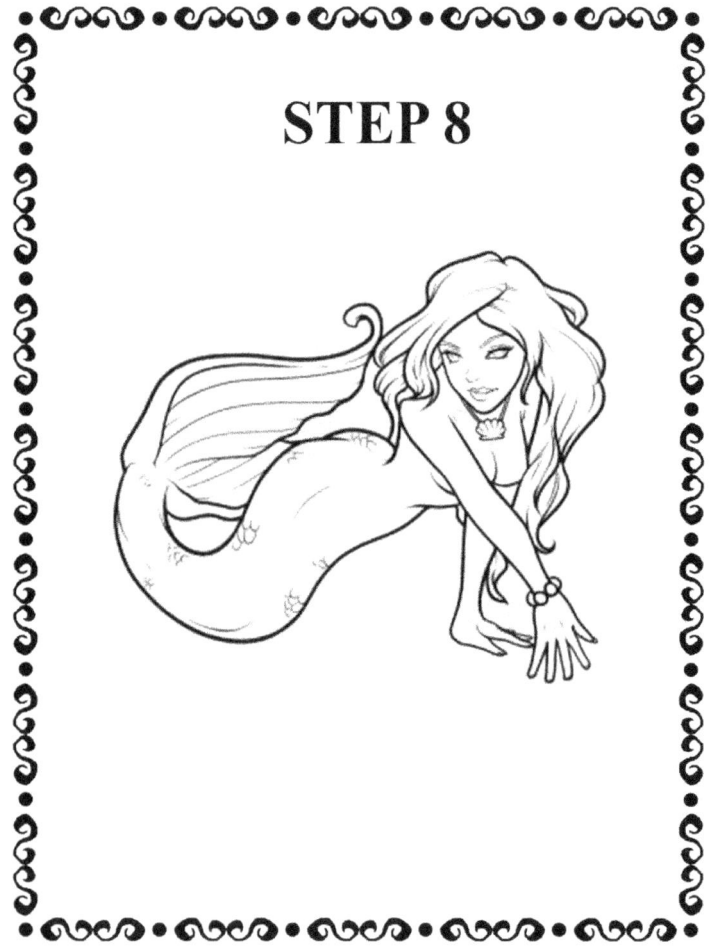

SIMPLE MERMAID

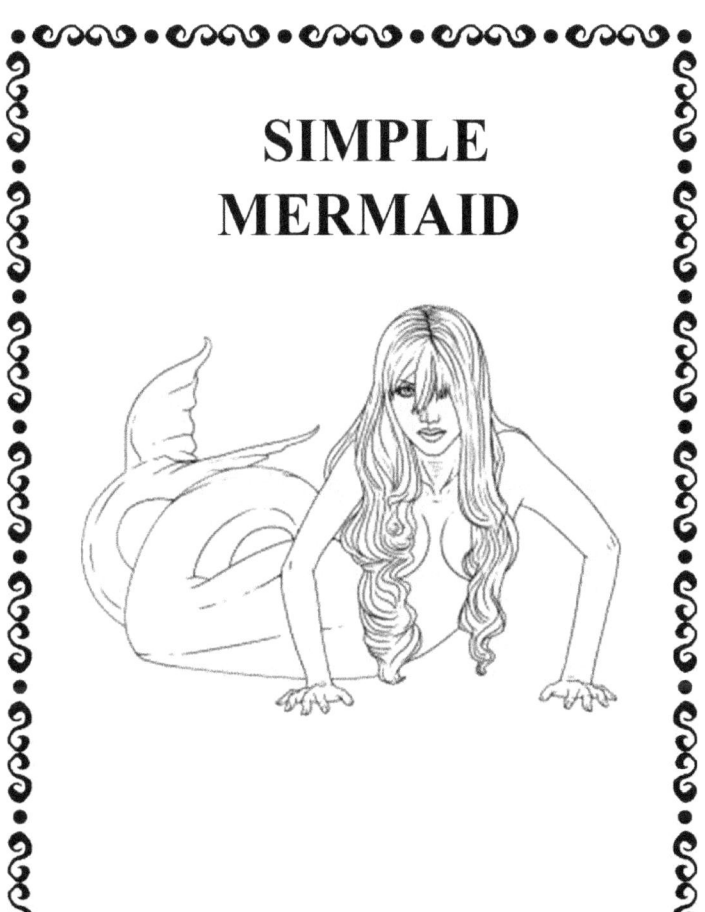

STEP 1

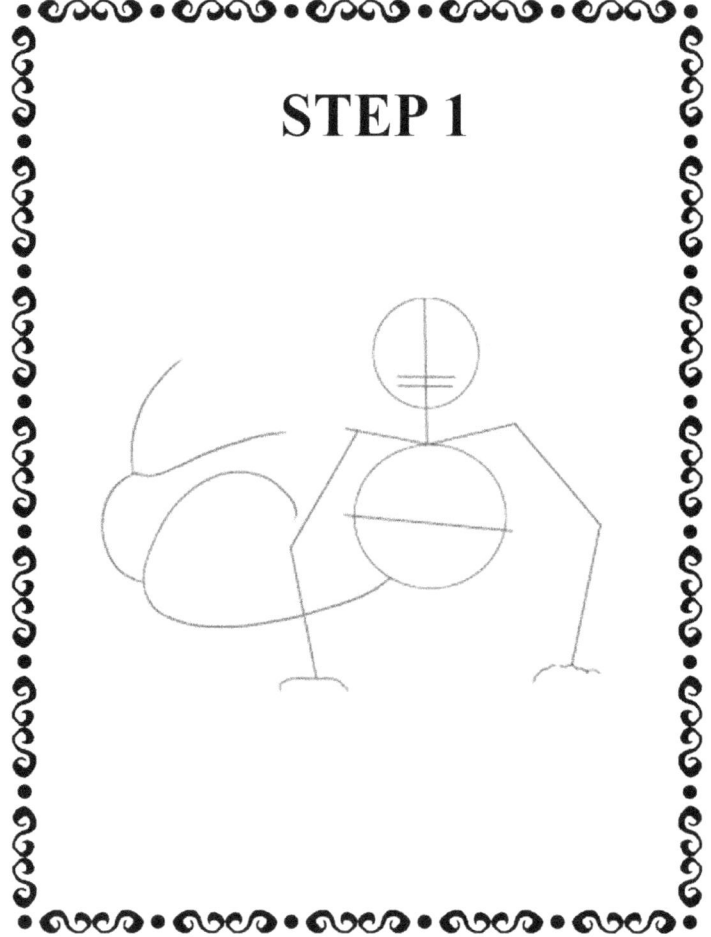

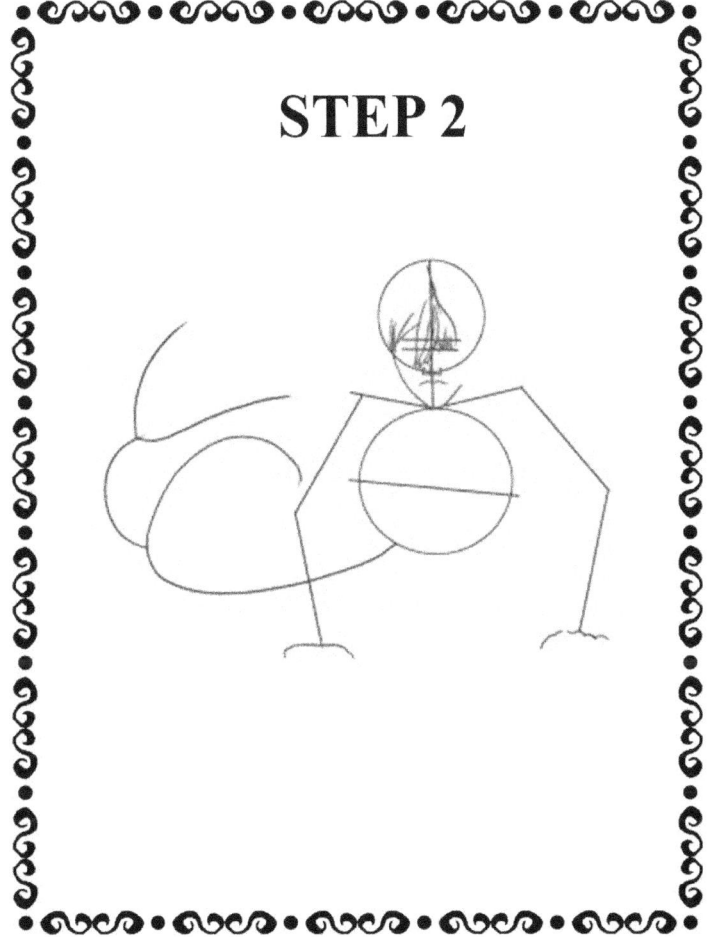

STEP 2

STEP 3

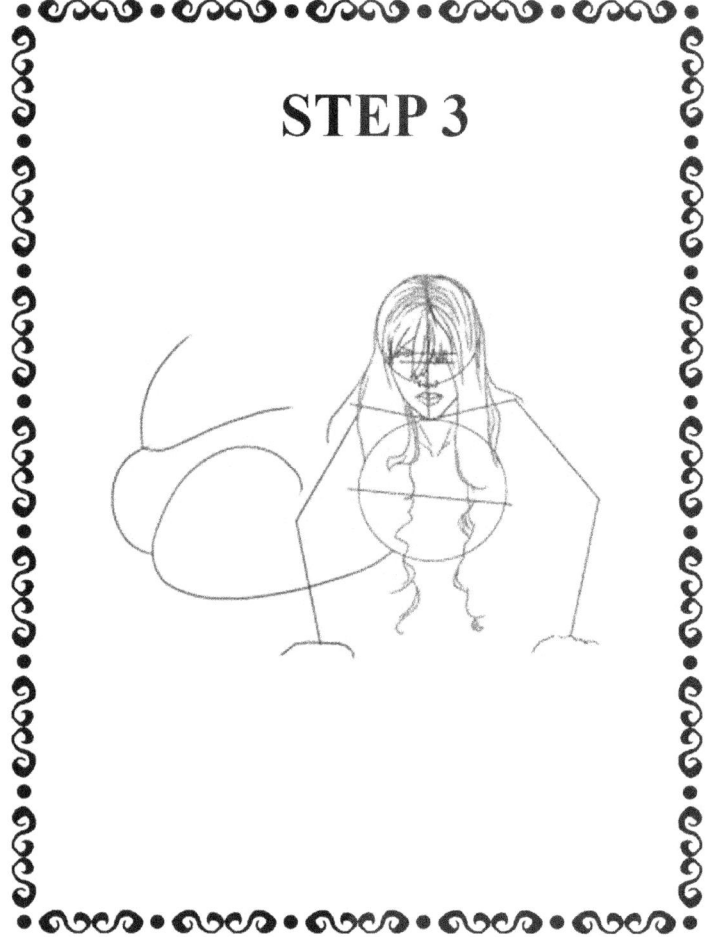

STEP 4

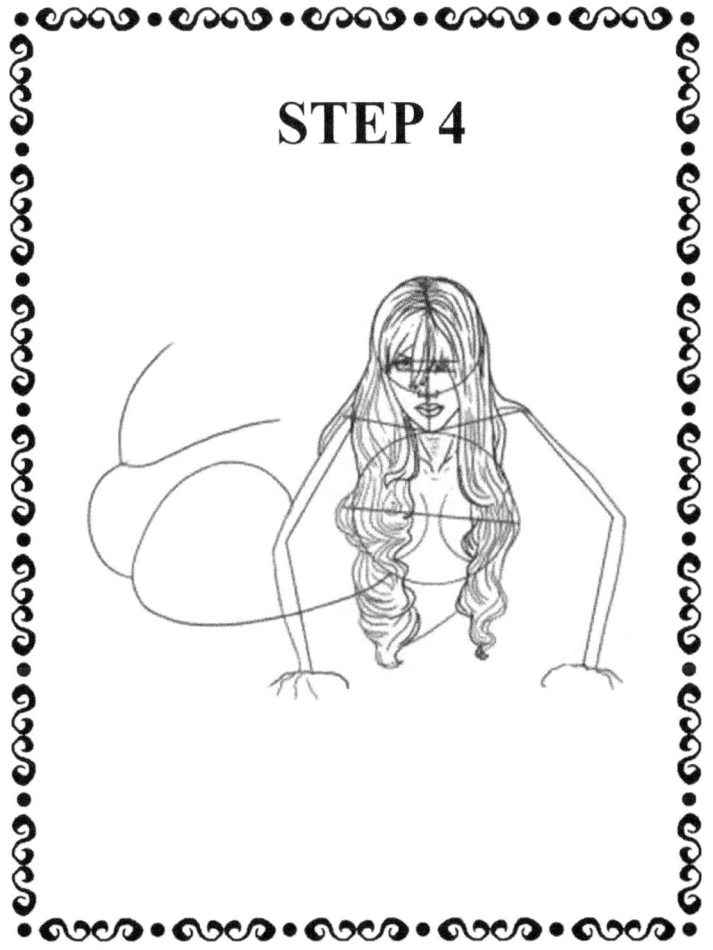

STEP 5

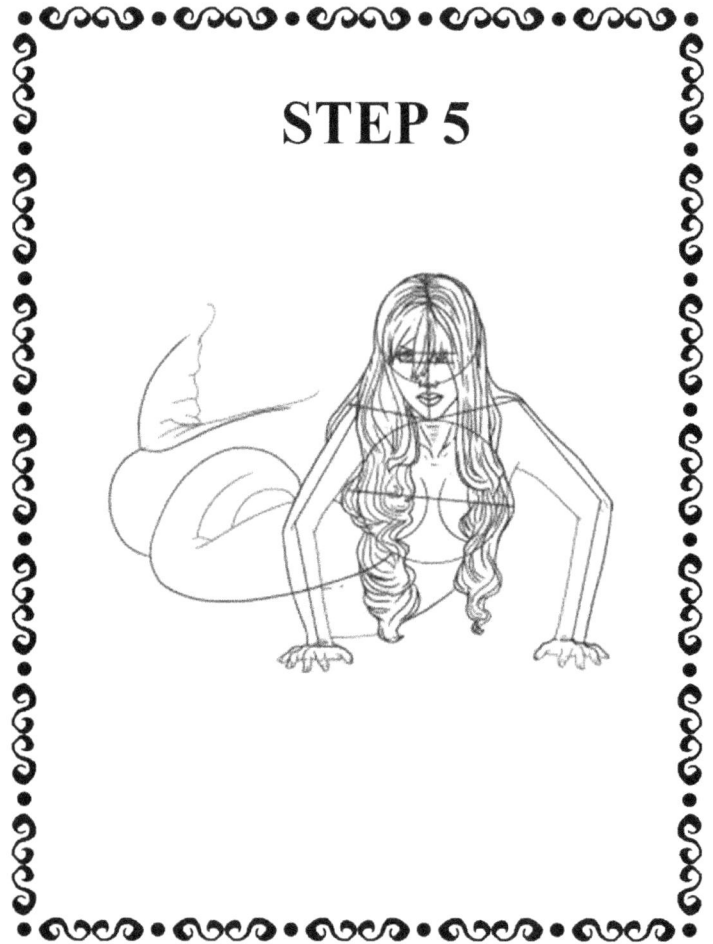

STEP 6

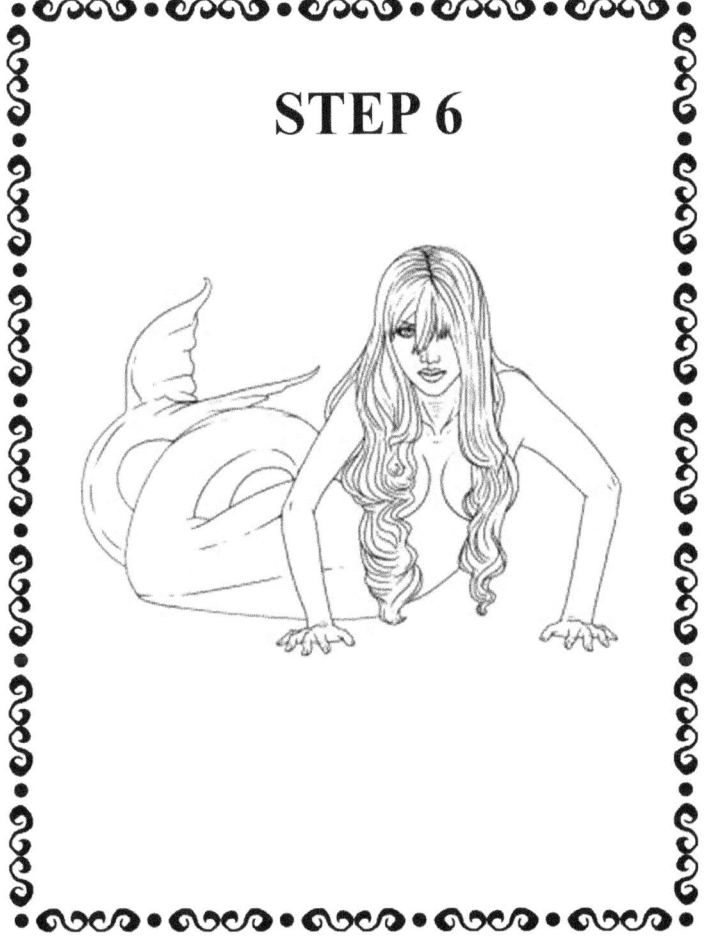